Textes et recettes : Laurence DALON.

Photographies et stylisme : SAEP/Frédéric PERRIN,

sauf photographie de couverture : SAEP/Jean-Luc SYREN.

Graphisme : Élisabeth CHARDIN.

Coordination : SAEP/Éric ZIPPER.

Composition et photogravure : SAEP/Arts Graphiques.

Impression : Union Européenne.

CONCEPTION : SAEP CRÉATION - 68040 INGERSHEIM - COLMAR

Papillotes
silicone

saep

Introduction

Fini le temps des pliages compliqués, des fuites irritantes, des mains brûlées par la vapeur. Vive les papillotes en silicone ! Réutilisables, antiadhésives, avec de jolis couvercles que l'on attrape facilement, elles offrent de multiples avantages : concentration de saveurs, préservation des vitamines et minéraux, cuisine vapeur saine et sans graisse.

Cet ustensile indispensable des gourmets pressés peut convenir à toutes les structures familiales :

- *pour les célibataires adeptes d'une cuisine d'assemblage vite prête et vite cuite. Des ingrédients congelés ou frais se cuisinent au four à micro-ondes pour réaliser de vrais petits plats rapides, riches en saveurs. La papillote en silicone n'occasionne pas de préparation fastidieuse ni des temps de cuisson longs. On peut y manger directement (attention, elle n'aime pas les coups de couteau !) et éviter ainsi de laver des tonnes de vaisselle ;*

- *pour les couples qui disposent de plus de temps et souhaitent consommer des plats un peu plus « cuisinés ». Régalez-vous en duo avec des petits plats mijotés au four traditionnel. Les préparations et la cuisson au four seront un peu plus longues. Avec une cuisson lente à l'étouffée, sans aucun liquide à ajouter, le plat s'imprègne du mélange intime des saveurs des ingrédients cuits ensemble ;*

- *en famille, pour faire réchauffer des restes de la veille, réaliser un accompagnement rapidement ou un plat complet pour le déjeuner quand on est pressé. La papillote est idéale en complément d'autres techniques de cuisson. Plus de place sur la cuisinière ? On optimise ses appareils ménagers en utilisant son four à micro-ondes avec les papillotes en silicone.*

Ces papillotes souples dont le contenu est si facile à démouler peuvent être détournées de leur utilisation première et servir de contenant pour de petits pâtés, terrines, charlottes, clafoutis dégustés froids.

Les papillotes en silicone sont idéales pour recevoir. Chacun dispose de sa papillote, scolorée si possible, ce qui fait de jolies tablées (prévoyez cependant des aliments déjà prédécoupés car, je le répète, le silicone n'aime pas les coups de couteau...).

Une concentration de saveurs

Comme les papillotes traditionnelles, les papillotes en silicone permettent la cuisson à la vapeur, donc une cuisine plus saine, sans graisse. Toutes les saveurs des produits sont préservées et s'imprègnent les unes des autres. La configuration de la papillote, l'alternance dépression-surpression à l'intérieur du contenant permettent une cuisson vapeur idéale sans bouillir les aliments. Il n'y a pas de fuite de vapeur.
Les préparations nécessitent peu de liquides et les aliments cuisent dans leur propre jus sans apport de liquide extérieur : il n'y a donc pas de dilution des saveurs.
Le matériau en silicone évite le graissage du moule et permet une cuisson sans matière grasse.

Choisir la bonne taille

Pour une famille de 4 personnes, il est intéressant de panacher les tailles.
Une papillote de 600 grammes s'utilisera pour un plat complet mais pourra également servir de contenant pour un accompagnement pour 2 personnes.
Il est toujours préférable de ne pas remplir complètement une papillote plutôt que disposer de contenants trop petits.
Les papillotes familiales permettent de réaliser une portion pour toute la famille.
Un autre petit conseil : n'ajoutez pas trop de liquide dans votre papillote. Exception faite des féculents (pâtes instantanées, riz, boulgour), qui nécessitent un ajout d'eau, l'humidité des ingrédients est généralement suffisante pour une cuisson parfaite. Une évidence qui mérite d'être rappelée : plus la papillote est grande plus le temps de cuisson sera long !

Choisir le bon mode de cuisson

La papillote en silicone peut s'utiliser indifféremment au four à micro-ondes ou dans le four traditionnel. Il y a cependant des modes de cuisson qui sont mieux adaptés à certains plats.
Une cuisse de poulet s'accommodera d'une cuisson dans un four traditionnel, alors que le poisson en filet sera bien cuit dans un four à micro-ondes (à condition que l'on maîtrise bien son appareil).
La précision dans la cuisson est capitale !
Il faut au cours de celle-ci ouvrir la papillote, évaluer le degré de cuisson en appuyant avec l'index sur l'aliment et apprécier sa résistance.
On détermine ainsi le temps de cuisson restant.
Rien n'est plus décevant qu'un poisson excessivement cuit : la chair est desséchée, caoutchouteuse.
Il faut également respecter le temps de repos après

une cuisson au four à micro-ondes pour que la chaleur diffuse correctement dans la totalité de la papillote. Ce temps fait partie du temps de cuisson.
Dans un four traditionnel, pour préserver vos papillotes en silicone, veillez à ne pas dépasser la température de 240°C (th. 8).

Grâce aux papillotes en silicone, osez toutes les fantaisies : les plats complets minute « bluffants », les cakes audacieux qui permettent d'accommoder les restes, les terrines froides afin d'être disponible pour ses invités, les desserts raffinés où se mêlent chaud et froid ! Vous aussi, adaptez vos recettes à cet ustensile désormais indispensable en cuisine.

Curry de poulet minute aux petits pois et aux tomates, page 11

Papillotes silicone

Les papillotes pour célibataires

Cuisine rapide pour repas en solo...

Poisson au vin blanc et aux légumes croquants

Pour 1 personne
Recette facile
Recette peu coûteuse
Préparation : 5 minutes
Cuisson : 3 minutes

Ingrédients
150 g de filet de poisson blanc
50 g de julienne de légumes congelée
1 galet de sauce au vin blanc congelée (environ 50 g)
Sel, poivre.

1. Parer le filet en supprimant les parties dures et brunes. Passer le plat du doigt sur toute la surface du poisson pour sentir les arêtes et les éliminer si tel est le cas.
2. Placer la julienne de légumes au fond de la papillote. Saler, poivrer et mélanger.
3. Déposer le filet de poisson. Saler et poivrer. Recouvrir avec le galet de sauce au vin blanc.
4. Placer dans le four à micro-ondes pendant 3 minutes à puissance moyenne. Laisser reposer 2 minutes puis servir.

Note : la cuisson est importante ; si elle est trop longue, le poisson sera sec, si elle est trop courte, le poisson sera encore cru. Appréciez l'avancement de la cuisson par simple pression du doigt sur le poisson.

Pour 1 personne
Recette facile
Recette peu coûteuse
Préparation : 5 minutes
Cuisson : 5 minutes

Ingrédients
1 escalope de poulet
2 tomates pelées en boîte
1 cuil. à soupe de petits pois congelés
3 tomates confites à l'huile
1/2 cuil. à café pâte de curry indienne douce
5 cl de lait de coco
1 cuil. à soupe de coriandre ciselée + quelques feuilles pour la décoration
Sel, poivre.

Curry de poulet minute aux petits pois et aux tomates

1. *Couper l'escalope de poulet en cubes réguliers de 2 cm de côté.*
2. *Égoutter les tomates pelées et les presser pour éliminer le jus.*
3. *Répartir la viande, les petits pois, les tomates confites et les tomates pelées dans la papillote. Saler, poivrer et mélanger.*
4. *Diluer la pâte de curry dans le lait de coco et verser sur le mélange précédent. Parsemer de coriandre ciselée.*
5. *Recouvrir et placer au four à micro-ondes pendant 5 minutes à puissance moyenne. Laisser reposer 2 minutes.*
6. *Décorer avec quelques feuilles de coriandre.*

Note : on peut confectionner de délicieux currys en utilisant des mélanges de légumes congelés. Je réalise ainsi en un tour de main un curry minute avec des légumes pour couscous (de bonne qualité !) que je peux accompagner (ou non) de poulet, poisson, crevettes.

Bœuf à la chinoise

Pour 1 personne
Recette facile
Recette peu coûteuse
Préparation : 5 minutes
Cuisson : 4 minutes

Ingrédients
60 g de nouilles chinoises instantanées aux œufs
150 g de rumsteak
1/4 de gousse d'ail
1 cuil. à café de gingembre haché
1 cuil. à soupe de sauce barbecue chinoise
1 cuil. à café d'huile de sésame
100 g de julienne de légumes congelés
1 cuil. à soupe de coriandre ciselée
Sel, poivre.

1. *Disposer au fond des papillotes 5 cl d'eau bouillante, ajouter les nouilles instantanées et laisser reposer pendant 3 minutes.*
2. *Pendant ce temps, couper le rumsteak en lanières. Éplucher l'ail et le gingembre et les hacher finement. Mélanger ces ingrédients dans un bol en ajoutant la sauce barbecue, l'huile de sésame et la julienne de légumes. Saler et poivrer.*
3. *Fermer les papillotes et placer au four à micro-ondes pendant 4 minutes à puissance moyenne. Mélanger à mi-cuisson.*
5. *Retirer le couvercle avant de servir et parsemer de coriandre ciselée.*

Chili con carne minute

Pour 2 personnes
Recette facile
Recette peu coûteuse
Préparation : 5 minutes
Cuisson : 3 minutes

Ingrédients
1/2 cuil. à café de fécule de maïs
10 cl de coulis de tomates
6 tomates confites à l'huile
1 boîte de conserve d'environ 250 g de haricots rouges
1 gousse d'ail
1/2 oignon
1 cuil. à soupe d'huile d'olive
2 steaks hachés à 5 % de matière grasse
1/2 cuil. à café de cumin
Quelques feuilles de thym
Sel, poivre.

1. *Diluer la fécule de maïs dans un peu de coulis de tomates. Mixer ce mélange ainsi que le reste de coulis de tomates et les tomates confites.*
2. *Égoutter les haricots rouges. Éplucher l'ail et l'oignon et les émincer finement.*
3. *Faire chauffer une poêle à feu vif avec l'huile. Faire revenir la viande et l'oignon rapidement. Ajouter l'ail en fin de cuisson.*
4. *Dans un récipient, verser les haricots rouges, le mélange revenu, le cumin, le thym, le mélange aux tomates. Saler, poivrer et mélanger.*
5. *Répartir dans les papillotes puis recouvrir avec les couvercles.*
6. *Cuire au four à micro-ondes pendant 3 minutes à puissance moyenne.*

Bœuf à la chinoise

Veau au citron et à la crème

Pour 1 personne
Recette facile
Recette raisonnable
Préparation : 5 minutes
Cuisson : 5 minutes

Ingrédients
150 g de quasi de veau
2 cuil. à soupe de crème fraîche épaisse
1/2 citron
Sel, poivre.

1. Détailler le veau en cubes et les répartir dans les papillotes. Saler et poivrer.
2. Ajouter la crème épaisse et le jus du demi-citron. Fermer la papillote et placer au four à micro-ondes à puissance moyenne pendant 3 minutes. Remuer à mi-cuisson.
3. Vérifier la cuisson de la viande en coupant un morceau en deux.

Servir de suite accompagné de spätzles ou de pâtes.

Note : cette recette peut se préparer également avec du poisson, par exemple du saumon. J'ajoute dans ce cas un peu d'aneth et je mélange cette préparation en fin de cuisson avec des spaghettis et du parmesan. C'est une des recettes préférées de mes filles !

Papillote de légumes verts

Pour 1 personne
Recette facile
Recette peu coûteuse
Préparation : 5 minutes
Cuisson : 6 minutes

Ingrédients
2 cuil. à soupe de petits pois congelés
1 poignée de haricots plats congelés
1 galet d'épinards congelés
1 filet d'huile d'olive
Sel, poivre.

1. Disposer les légumes dans la papillote. Saler, poivrer et mélanger.
2. Placer pendant 4 minutes et demie au four à micro-ondes à puissance moyenne.
3. Arroser d'un filet d'huile d'olive, mélanger et servir de suite.

Note : la cuisson au four à micro-ondes réussit bien aux petits pois, qui restent croquants et bien verts. Ils se marient également bien avec des brocolis congelés. Tous les légumes congelés n'apprécient pas le four à micro-ondes, notamment les haricots verts.

Veau au citron et à la crème

Compotée de rhubarbe cassis sur lit de spéculoos, *page 18*

Pêches à la verveine
et au miel,
page 19

Compote de poires express

Pour 1 personne
Recette facile
Recette peu coûteuse
Préparation : 5 minutes
Cuisson : 10 minutes

Ingrédients
2 poires (ou tout autre fruit)
1 cuil. à soupe de sucre en poudre
Une pincée de cannelle.

1. *Couper les poires en quatre, retirer le cœur et les éplucher.*
2. *Couper les quartiers en lamelles et placer dans la papillote avec le sucre et la cannelle. Placer le couvercle.*
3. *Mettre au four à micro-ondes pendant 4 minutes. Laisser tiédir, ouvrir la papillote, remuer, c'est prêt !*

Note : on peut réaliser des compotes ultrarapides avec des fruits congelés : griottes dénoyautées, framboises, rhubarbe, mirabelles, quetsches. Dans ce cas, il faut augmenter le temps de cuisson et compenser l'excès d'eau par une pincée d'agar-agar ajoutée en début de cuisson : la compote aura un aspect légèrement gélifié après refroidissement.

Compotée de rhubarbe cassis sur lit de spéculoos

Pour 2 personne
Recette facile
Recette peu coûteuse
Préparation : 5 minutes
Cuisson : 10 minutes

Ingrédients
100 g de spéculoos
200 g de rhubarbe congelée
100 g de baies de cassis
3 cuil. à soupe de sucre en poudre
2 cuil. à soupe de crème fraîche épaisse.

1. *Émietter les spéculoos et les placer au fond de la papillote.*
2. *Ajouter la rhubarbe, les baies de cassis et le sucre. Placer les couvercles et mettre au four à micro-ondes pendant 3 minutes à puissance moyenne.*
3. *À la sortie du four, laisser tiédir.*
4. *Déposer une quenelle de crème épaisse et servir de suite.*

Papillote de pommes au caramel

Pour 4 personnes
Recette facile
Recette peu coûteuse
Préparation : 10 minutes
Cuisson : 10 minutes
Repous : 5 minutes

Ingrédients
200 g + 2 cuil. à soupe de sucre en poudre
75 g de crème fraîche liquide
100 g de beurre
6 pommes moyennes (reine des reinettes ou boskoop).

1. *Placer 200 g de sucre en poudre dans une casserole à fond épais et cuire à feu doux jusqu'à obtention d'un caramel d'une belle couleur ambrée. Ne pas remuer avec une cuillère en bois mais secouer la casserole régulièrement pour répartir le caramel déjà formé et dissoudre le sucre non fondu. Ajouter la crème liquide bouillante (attention aux projections !) tout en remuant. Laisser reposer 5 minutes puis ajouter le beurre. Mettre en pot et conserver au réfrigérateur.*
2. *Couper les pommes en quartiers, retirer le cœur. Éplucher les quartiers et les recouper en lamelles. Disposer dans les papillotes et parsemer de sucre en poudre. Ajouter 2 cuillerées de caramel que l'on répartit sur les pommes. Fermer les papillotes et passer au four à micro-ondes pendant 2 minutes.*
3. *Retirer les couvercles et servir tiède.*

Note : on garde un pot de caramel dans son réfrigérateur et on l'utilise à la demande : recette rapide, simple et délicieuse. Le sucre n'est pas forcément nécessaire si les pommes sont bien sucrées.

Pêches à la verveine et au miel

Pour 2 personnes
Recette facile
Recette peu coûteuse
Préparation : 10 minutes
Cuisson : 5 minutes
Repos : 2 heures

Ingrédients
6 pêches
1 bouquet de verveine
2 cuil. à soupe de miel.

1. *Plonger les pêches dans de l'eau bouillante pour les peler plus facilement. Retirer le noyau et couper les fruits en quartiers.*
2. *Hacher finement la verveine et l'ajouter aux pêches ainsi que le miel. Laisser mariner pendant 2 heures au frais.*
3. *Placer ensuite dans les papillotes. Couvrir et placer au four à micro-ondes pendant 3 minutes.*
4. *Servir tiède.*

Note : on peut utiliser de la verveine séchée si l'on ne trouve pas de la verveine fraîche. On réhydratera les feuilles dans un bol d'eau tiède. Réduire la quantité de miel si les pêches sont sucrées.

Choucroute au poisson,
page 23

Papillotes silicone

Les recettes en duo

Quand on a un peu plus de temps...

Gratin de la mer au safran

Pour 2 personnes
Recette facile
Recette raisonnable
Préparation : 10 minutes
Cuisson : 15 minutes

Ingrédients
Quelques filaments de safran
1 petite échalote
5 noix de beurre
200 g de moules nettoyées
5 cl de vin blanc
1 pavé de saumon de 200 g
6 crevettes décortiquées
4 noix de Saint-Jacques
1 cuil. à soupe de crème fraîche épaisse
50 g de gruyère râpé
1 cuil. à soupe de chapelure
Sel, poivre.

1. *Faire tremper le safran dans de l'eau tiède.*
2. *Éplucher l'échalote et la ciseler finement. Faire chauffer une casserole avec une noix de beurre. Ajouter l'échalote. Faire revenir sans coloration puis verser les moules et mouiller avec le vin blanc. Lorsque les moules sont ouvertes, les décoquiller et recueillir le jus de cuisson, que l'on filtre.*
3. *Placer dans les papillotes le saumon coupé en gros cubes, ajouter les moules, les crevettes et les noix de Saint-Jacques.*
4. *Mélanger le jus de cuisson, le safran égoutté et la crème épaisse. Saler et poivrer. Verser dans les papillotes.*
5. *Recouvrir de gruyère râpé, de chapelure et de quelques noix de beurre.*
6. *Placer au four à 210°C (th. 7) pendant 10 minutes environ jusqu'à ce que les papillotes soient bien gratinées.*

Note : pour une version rapide, on peut supprimer les moules et on remplace la sauce par 1 ou 2 galets de sauce crustacés congelée que l'on détend avec 1/2 cuillerée à café d'apéritif anisé.

Choucroute au poisson

Pour 2 personnes
Recette facile
Recette raisonnable
Préparation : 5 minutes
Cuisson : 10 minutes
Repos : 1 heure

Ingrédients
100 g de haddock
10 cl de lait
1 pavé de saumon de 100 g
1 dos de cabillaud de 100 g
250 g de choucroute cuite
1 noix de beurre
2 échalotes épluchées et ciselées
5 cl de vin blanc
20 cl de fumet de poisson fait maison
10 cl de crème fraîche épaisse
Sel, poivre.

1. *Faire tremper le haddock dans le lait pendant 1 heure.*
2. *Couper les morceaux de saumon et de cabillaud en deux. Saler et poivrer.*
3. *Placer la choucroute dans le fond des papillotes. Recouvrir avec le saumon et le cabillaud. Saler et poivrer.*
4. *Mettre le couvercle et placer au four à micro-ondes pendant 5 minutes à vitesse moyenne. Deux minutes avant la fin, ajouter le haddock.*
5. *Dans une petite casserole, faire fondre la noix de beurre avec les échalotes. Mouiller avec le vin blanc. Ajouter le fumet de poisson et laisser réduire de moitié. Ajouter la crème épaisse. Saler et poivrer. Donner un bouillon puis goûter et rectifier l'assaisonnement.*

Servir la choucroute de poisson accompagnée de pommes de terre cuites à l'eau et de la sauce au vin blanc.

Note : pour une version rapide, on peut utiliser des galets de sauce au vin blanc congelée qui sont placés dans la papillote pendant la cuisson.

Papillote de poulet à l'estragon

Pour 2 personnes
Recette facile
Recette peu coûteuse
Préparation : 5 minutes
Cuisson : 5 minutes

Ingrédients
4 fines escalopes de poulet
4 tranches de bacon
10 cl de crème fraîche liquide
1 cuil. à café d'estragon ciselé
Une pincée de noix de muscade moulue
Sel, poivre.

1. Étaler devant soi une escalope de poulet et disposer une tranche de bacon. Rouler et faire tenir à l'aide d'un pic. Répéter l'opération pour toutes les escalopes de poulet puis les disposer dans une papillote en silicone de taille adaptée.
2. Mélanger la crème, l'estragon, la muscade moulue, du sel et du poivre. Verser sur la viande.
3. Placer à découvert au four à micro-ondes 10 minutes à puissance maximale puis 3 minutes à puissance moyenne.

Accompagner de pâtes ou de nouilles.

Le cake aux restes

Pour 2 personnes
Recette facile
Recette peu coûteuse
Préparation : 10 minutes
Cuisson : 25 minutes

Ingrédients
75 g de farine
1/2 paquet de levure
2 œufs
7,5 cl d'huile
5 cl de lait
50 g de gruyère râpé
100 à 200 g de garniture au choix (voir exemples en note)
20 g de beurre
Sel, poivre.

1. Mélanger avec un batteur électrique la farine, la levure, les œufs, l'huile et le lait. Saler, poivrer et bien mélanger.
2. Incorporer alors rapidement les ingrédients solides et verser dans les papillotes beurrées. Ne remplir qu'à moitié.
3. Placer au four à 180°C (th. 6) pendant 20 à 25 minutes.
4. Démouler une dizaine de minutes après la sortie du four.

Déguster tiède ou froid avec une salade verte.

Note : on peut réaliser les associations suivantes :

- des restes de poisson, un peu de julienne de légumes, remplacer l'huile par un galet de sauce crustacés congelée ;
- petits pois, saumon fumé ou crabe, aneth, remplacer le lait par du vin blanc ;
- roquefort, dés de poire, noisettes ;
- chèvre, tomates confites et origan.

Papillote de poulet
à l'estragon

Boulgour à l'huile d'argan et cuisse de poulet au miel, aux épices et à l'orange confite,
page 28

Fenouil confit à l'orange,
page 29

Pour 2 personnes
Recette facile
Recette peu coûteuse
Préparation : 10 minutes
Cuisson : 30 minutes

Ingrédients
200 g de boulgour gros
Quelques filaments de safran
1 oignon
2 cuisses de poulet bio
1 cuil. à soupe de miel
1/2 cuil. à café de Ras el Hanout
50 g d'orange confite
1/2 bâton de cannelle
1 cuil. à soupe de persil plat ciselé
1 cuil. à soupe de coriandre ciselée
2 cuil. à soupe d'huile d'argan
Sel, poivre.

Boulgour à l'huile d'argan et cuisse de poulet au miel, aux épices et à l'orange confite

1. Faire tremper le boulgour dans un bol d'eau froide salée.
2. Faire tremper les filaments de safran dans une tasse d'eau tiède.
3. Éplucher l'oignon et le couper en fines rondelles. Placer l'oignon dans la papillote avec la cuisse de poulet.
4. Faire tiédir le miel au four à micro-ondes et mélanger avec le safran égoutté, le Ras el Hanout et l'orange confite. Verser sur les cuisses et les retourner pour bien les imprégner du mélange. Saler et poivrer. Ajouter le bâton de cannelle, le persil et la coriandre.
5. Placer le couvercle et mettre au four à 210°C (th. 7) pendant 15 minutes.
6. Enlever le couvercle et retirer la cuisse de poulet de chaque papillote. Dégraisser si nécessaire mais conserver le jus de cuisson. Ajouter le boulgour et mélanger. Replacer la cuisse de poulet. Cuire encore 5 minutes à découvert.
7. Avant de servir, arroser le boulgour d'huile d'argan.

Note : pour une préparation minute, utiliser des escalopes de poulet que l'on cuit au four à micro-ondes.

Pour 2 personnes
Recette facile
Recette peu coûteuse
Préparation : 10 minutes
Cuisson : 35 minutes

Ingrédients
350 g de fenouil frais
1 gousse d'ail
2 cuil. à soupe d'huile d'olive
1/2 orange non traitée
1 cuil. à café de sucre en poudre
Sel, poivre.

Fenouil confit à l'orange

1. Laver les fenouils et les couper en deux dans le sens de la hauteur. Émincer finement.
2. Éplucher l'ail et hacher finement.
3. Faire chauffer une poêle à feu vif avec 1 cuillerée à soupe d'huile. Ajouter le fenouil et le faire dorer. En fin de cuisson, ajouter l'ail et laisser cuire 1 à 2 minutes.
4. Répartir les légumes dans les papillotes. Ajouter le zeste de la demi-orange et le sucre. Saler, poivrer et mélanger.
5. Placer à découvert dans le four à 180°C (th. 6) pendant 30 minutes. Remuer à mi-cuisson. Les fenouils doivent être bien confits et caramélisés.
6. Arroser les confits de fenouil avec le reste d'huile d'olive juste avant de servir.

Note : on peut également réaliser cette recette avec des endives.

Pour 4 personnes
Recette facile
Recette peu coûteuse
Préparation : 10 minutes
Cuisson : 55 minutes

Ingrédients
1 oignon
1 poivron
1 aubergine
1 courgette
8 tomates confites
100 g d'huile d'olive
100 g d'amandes
2 gousses d'ail
1 cuil. à soupe de basilic ciselé
100 g de chapelure
Sel, poivre.

Crumble de légumes à l'italienne

1. Éplucher l'oignon et le couper en rondelles.
2. Laver le poivron, le couper en deux, retirer le pédoncule et les pépins.
3. Laver l'aubergine et la courgette. Couper les pédoncules et les couper en dés.
4. Couper les tomates confites en cubes.
5. Répartir tous les légumes dans les papillotes. Saler et poivrer. Arroser avec 2 cuillerées à soupe d'huile d'olive. Placer le couvercle et mettre au four à 180°C (th. 6) pendant 45 minutes.
6. Pendant ce temps, mixer les amandes, l'ail et le basilic. Saler et poivrer. Ajouter hors du mixeur le reste d'huile d'olive et la chapelure jusqu'à obtention d'un mélange ayant une consistance de crumble.
7. Retirer les légumes du four, mélanger. Répartir le crumble sur les légumes et passer au four 10 minutes à 180°C (th. 6) à découvert.

Note : pour une version rapide, utiliser de la ratatouille congelée.

Pour 2 personnes
Recette facile
Recette peu coûteuse
Préparation : 5 minutes
Cuisson : 10 minutes

Ingrédients
6 tranches d'aubergines grillées congelées
2 crottins de Chavignol
1 cuil. à soupe d'olives noires
6 tomates confites à l'huile
2 cuil. à soupe d'huile d'olive
Sel, poivre.

Papillotes d'aubergines au crottin de Chavignol

1. *Laisser décongeler les tranches d'aubergine à température ambiante.*
2. *Couper chaque crottin de Chavignol en 3 rondelles.*
3. *Hacher finement les olives noires.*
4. *Dérouler une tranche d'aubergine devant soi. Saler légèrement. Étaler un peu d'olives hachées, recouvrir d'une tranche de fromage puis d'une tomate confite. Enrouler et faire tenir à l'aide d'un pic. Faire de même avec le reste des ingrédients.*
5. *Disposer 3 aubergines roulées par papillote. Placer au four à 180°C (th. 6) pendant 10 minutes.*
6. *Retirer les couvercles et arroser chaque rouleau d'aubergine d'un filet d'huile d'olive. Poivrer et servir de suite.*

Pour 2 personnes
Recette facile
Recette peu coûteuse
Préparation : 10 minutes
Cuisson : 45 minutes

Ingrédients
1 échalote
1 gousse d'ail
300 g de pommes de terre charlotte
10 cl de crème fraîche épaisse
5 cl de lait
50 g de gruyère râpé
Une pincée de noix de muscade
1 cuil. à soupe de chapelure
Sel, poivre.

Pommes de terre à la crème

1. *Éplucher l'échalote et l'ail, les émincer finement.*
2. *Éplucher les pommes de terre et les laver. Les couper en très fines tranches et placer dans un saladier avec l'échalote et l'ail. Saler, poivrer.*
3. *Mélanger la crème et le lait, saler. Verser sur les pommes de terre et ajouter le gruyère râpé et la noix de muscade. Bien mélanger.*
4. *Disposer dans les papillotes et parsemer de chapelure. Ne pas couvrir et placer au four à 180°C (th. 6) pendant 45 minutes.*

Papillotes d'aubergines au crottin de Chavignol

Pour 3 personnes
Recette facile
Recette peu coûteuse
Préparation : 5 minutes
Cuisson : 1 heure

Ingrédients
4 gros jaunes d'œufs
50 g de sucre en poudre
10 cl de lait
15 cl de crème fraîche liquide
2 cuil. à café de pâte de pistache
Quelques pistaches pour la décoration.

Petite crème à la pistache

1. Battre les jaunes d'œufs avec le sucre jusqu'à blanchiment.
2. Ajouter tout en fouettant le mélange lait-crème chaud.
3. Ajouter la pâte de pistache, bien mélanger et verser dans 4 papillotes.
4. Placer au four sans couvercle à 100°C (th. 3-4) pendant 1 heure.
5. Laisser refroidir pendant 2 heures au frais et décorer avec des pistaches grossièrement concassées.

Pour 4 personnes
Recette facile
Recette peu coûteuse
Préparation : 10 minutes
Cuisson : 35 minutes

Ingrédients
4 pommes reine des reinettes
50 g + 4 noix de beurre
75 g de farine
2 cuil. à soupe de pâte de praliné
50 g de sucre en poudre
25 g de zestes d'orange confite.

Papillote de pomme au crumble praliné orange

1. Éplucher les pommes en les laissant entières. À l'aide d'un vide-pommes, retirer le cœur.
2. Mélanger du bout des doigts 50 g de beurre ramolli, la farine, la pâte de praliné, le sucre en poudre et les zestes d'orange coupés en petits morceaux.
3. Beurrer les papillotes, déposer un peu de crumble au fond puis placer la pomme au centre. Remplir généreusement de pâte et laisser déborder pour former un petit dôme au-dessus de la pomme.
4. Placer au four à découvert à 180°C (th. 6) pendant 35 minutes. Vérifier en cours de cuisson que le fond de pâte ne noircisse pas. Si tel est le cas, baisser la température du four. Servir tiède.

Petite crème
à la pistache

Charlotte de saumon à l'aneth, page 39

Papillotes silicone

Les papillotes froides

Quand on a encore plus de temps...

Sardines en escabèche

Pour 4 personnes
Recette facile
Recette peu coûteuse
Préparation : 10 minutes
Cuisson : 25 minutes
Repos : 1 nuit

Ingrédients
1 carotte
1 oignon
2 gousses d'ail
1 cuil. à café de grains de coriandre
1 branche de thym
1/2 feuille de laurier
1 citron non traité
30 cl de vin blanc
5 cl de vinaigre blanc
12 filets de sardines sans peau
1 filet d'huile d'olive
Pain grillé
Sel, poivre.

1. *Éplucher la carotte, l'oignon et l'ail. Couper la carotte et l'oignon en rondelles.*
2. *Placer les légumes dans une casserole. Ajouter les grains de coriandre écrasés avec le plat d'un couteau, le thym, le laurier, le zeste du citron, le vin blanc et le vinaigre. Saler et poivrer. Porter à ébullition et cuire à couvert pendant 15 minutes.*
3. *Placer les sardines dans les papillotes. Arroser avec le bouillon chaud et placer au four à 180°C (th. 6) pendant 10 minutes.*
4. *Placer au minimum une nuit au frais.*
5. *Au moment de servir, donner un tour de moulin à poivre, arroser d'un filet d'huile d'olive et accompagner de pain grillé.*

Pour 4 personnes
Recette facile
Recette coûteuse
Préparation : 10 minutes
Cuisson : 5 minutes
Repos : 2 heures

Ingrédients
2 oignons nouveaux
200 g de saumon fumé
10 cl de crème fraîche liquide
1 cuil. à café d'agar-agar
1 brioche de 200 g de forme rectangulaire
300 g de cream cheese
2 cuil. à soupe de câpres
2 cuil. à café d'aneth ciselé
Feuilles d'aneth pour la décoration
Sel, poivre.

Charlotte de saumon à l'aneth

1. Ciseler finement l'oignon nouveau.
2. Couper le saumon fumé en carrés.
3. Mélanger la crème, la cream cheese, le saumon, l'oignon nouveau, les câpres et l'aneth. Goûter et rectifier l'assaisonnement.
4. Couper la brioche en fines tranches. Tapisser le fond et les bords des papillotes de tranches de brioche.
5. Verser une couche de mélange saumon-cream cheese, puis recouvrir d'une couche de brioche. Continuer ainsi jusqu'à épuisement des ingrédients. Terminer par une couche de brioche.
6. Placer au frais pendant 2 heures.
7. Démouler et servir tranché pour l'apéritif ou en entrée accompagné d'une salade de pourpier.

Pour 4 personnes
Recette facile
Recette coûteuse
Préparation : 5 minutes
Cuisson : 25 minutes
Repos : 4 heures

Ingrédients
200 g de chair de crabe
120 g de petits pois congelés extrafins
1 noix de beurre
3 œufs
1 cuil. à soupe de farine
10 cl de crème fraîche épaisse
10 cl de lait
1 cuil. à café d'aneth ciselé
5 cl de vin blanc
Sel, poivre.

Clafoutis crabe petits pois et aneth

1. Disposer la chair de crabe et les petits pois dans les papillotes beurrées.
2. Battre les œufs, la farine et ajouter la crème épaisse, le lait, l'aneth et le vin blanc. Saler et poivrer.
3. Verser sur le mélange et cuire à couvert à 150°C (th. 5) pendant 25 minutes.
4. Laisser reposer pendant 4 heures avant de déguster froid.

Accompagner d'une salade verte.

Terrine de lotte au pamplemousse

Pour 4 personnes
Recette facile
Recette coûteuse
Préparation : 15 minutes
Cuisson : 15 minutes
Repos : 2 heures

Ingrédients
350 g de lotte
30 cl de fumet de poisson corsé
1 pamplemousse
1/2 cuil. à café d'agar-agar
1 goutte d'huile essentielle de pamplemousse
Sel, poivre.

1. Enlever les peaux de la lotte et la détailler en tronçons de 2 cm d'épaisseur.
2. Placer le poisson dans une casserole avec le fumet. Si le fumet ne l'est pas déjà, le saler et le poivrer. Cuire à couvert pendant 15 minutes.
3. Pendant ce temps, peler le pamplemousse à vif et lever les suprêmes en passant un couteau aiguisé entre la peau des quartiers et la chair.
4. Lorsque le poisson est cuit, recueillir le liquide ayant servi à la cuisson et ajouter l'agar-agar.
5. Chauffer et maintenir l'ébullition pendant 1 minute tout en couvrant. Ajouter l'huile essentielle.
6. Verser dans les papillotes avec le poisson et les suprêmes de pamplemousse.
7. Laisser prendre pendant au moins 2 heures au réfrigérateur.

Flan de poisson aux crustacés

Pour 4 personnes
Recette facile
Recette raisonnable
Préparation : 10 minutes
Cuisson : 30 minutes
Repos : 2 heures

Ingrédients
300 g de filet de poisson blanc
8 tomates confites
2 galets de sauce crustacés
4 œufs
10 cl de crème fraîche liquide
20 cl de lait
2 cuil. à café d'apéritif anisé
Sel, poivre.

1. Parer les filets de poisson en enlevant les peaux et les arêtes. Détailler en gros morceaux de 3 cm de côté et répartir dans les papillotes. Ajouter les tomates confites coupées en carrés.
2. Faire décongeler les galets de sauce crustacés, ajouter les œufs, le lait, la crème et l'apéritif anisé.
3. Saler, poivrer et verser sur le poisson. Placer à découvert au four à 180°C (th. 6) pendant 30 minutes.
4. Laisser refroidir puis servir tiède ou froid.

Terrine de lotte au pamplemousse

Pâtés de volaille

Pour 4 personnes
Recette facile
Recette peu coûteuse
Préparation : 30 minutes
Cuisson : 1 heure 10 minutes
Repos : 24 heures

Ingrédients
150 g de filet de poulet
150 g de foies de volaille
150 g d'échine de porc un peu grasse
1 branche de persil
1 petit oignon
1/2 gousse d'ail
5 cl de porto
1 cuil. à soupe de cognac
Une pincée de sucre
Muscade
Girofle (très peu)
1 petit œuf
Sel, poivre.

1. *Couper en cubes les filets de poulet ainsi que les foies de volaille après avoir éliminé le fiel et les parties grasses.*
2. *Hacher le porc ainsi que le persil, l'oignon et l'ail épluchés. Mélanger avec le poulet et les foies de volaille.*
3. *Ajouter le porto, le cognac, le sucre et les épices. Saler et poivrer. Laisser mariner pendant 24 heures.*
5. *Le lendemain, égoutter le mélange mariné et ajouter l'œuf. Mélanger et répartir dans les papillotes. Placer au four à découvert pendant 10 minutes à 180°C (th. 6) puis baisser à 90°C (th. 3) pendant 1 heure.*
6. *Laisser refroidir.*

Servir accompagné de tranches de pain grillé et d'une salade de mesclun.

Aspic d'agrumes

Pour 2 personnes
Recette facile
Recette peu coûteuse
Préparation : 5 minutes
Cuisson : 5 minutes
Repos : 2 heures

Ingrédients
1 orange
3 pamplemousses
40 g de sucre
1/2 cuil. à moka d'agar-agar
2 gouttes d'huile essentielle de pamplemousse.

1. Peler l'orange et 2 pamplemousses à vif : retirer l'écorce et la partie blanche des agrumes. Avec un couteau à dents, retirer les suprêmes des agrumes en passant la lame entre la peau et la chair. Réaliser cette opération au-dessus d'un bol pour récupérer le jus. Répartir les suprêmes dans les papillotes.
2. Placer le jus recueilli ainsi que le jus du pamplemousse restant dans une casserole avec le sucre et l'agar-agar. Chauffer tout en remuant et maintenir l'ébullition pendant 1 minute.
3. Laisser tiédir puis ajouter l'huile essentielle de pamplemousse.
4. Verser sur les fruits et placer au frais pendant 2 heures. Déguster bien frais.

Note : on peut acheter l'huile essentielle de pamplemousse en pharmacie. Acheter de préférence une huile essentielle d'origine biologique.

Pudding praliné caramel pain d'épice

Pour 4 personnes
Recette facile
Recette peu coûteuse
Préparation : 10 minutes
Cuisson : 40 minutes

Ingrédients
100 g de sucre en poudre
10 cl de crème fraîche liquide
30 cl de lait entier
3 œufs
4 noix de beurre
200 g de pain d'épice
2 cuil. à soupe de pâte de praliné.

1. Placer le sucre dans une casserole à fond épais et cuire à feu très doux pour obtenir un caramel.
2. Lorsqu'il a une belle couleur ambrée, verser la crème bouillante tout en remuant (attention aux projections !). Ajouter le lait bouillant puis les œufs. Mélanger au mixeur.
3. Beurrer les papillotes.
4. Couper le pain d'épice en tranches puis en cubes de 3 cm de côté.
5. Faire ramollir la pâte de praliné au four à micro-ondes et la mélanger au pain d'épice.
6. Répartir dans les papillotes et arroser avec le mélange aux œufs.
7. Couvrir et placer au four à 100°C (th. 3-4) pendant 40 minutes. Laisser refroidir avant de servir.

Aspic d'agrumes

Panna cotta,
page 48

Bavarois aux fruits de la passion et au chocolat blanc,
page 49

Panna cotta

Pour 6 personnes
Recette facile
Recette peu coûteuse
Préparation : 5 minutes
Cuisson : 5 minutes
Repos : 4 heures

Ingrédients
1 gousse de vanille
10 cl de lait
40 cl de crème fraîche liquide
150 g de sucre en poudre
1 cuil. à café d'agar-agar
200 g de framboises
Sucre glace pour la décoration.

1. Fendre la gousse de vanille en deux, retirer les graines et les ajouter dans le lait avec les gousses vides.
2. Chauffer le lait, la crème, le sucre et l'agar-agar tout en remuant. Maintenir l'ébullition pendant 1 minute.
3. Retirer les deux demi-gousses de vanille.
4. Répartir dans les papillotes et placer au frais pendant 4 heures.
5. Répartir les framboises sur les panna cotta. Parsemer de sucre glace et servir de suite.

Nougat glacé au miel et aux éclats de nougatine

Pour 4 personnes
Recette facile
Recette peu coûteuse
Préparation : 15 minutes
Cuisson : 10 minutes
Repos : 5 heures

Ingrédients
150 g de sucre en poudre
50 g de noisettes grillées
50 g d'amandes grillées
4 œufs
2 cuil. à soupe de miel
20 cl de crème fraîche liquide
50 g d'orange confite
10 cl de coulis de framboises
Sel.

1. Préparer un caramel à sec en plaçant 100 g de sucre dans une casserole à feu doux. Lorsqu'il a une belle couleur ambrée, ajouter les amandes et les noisettes grillées. Mélanger puis étaler sur une plaque. Laisser refroidir puis concasser pour obtenir des éclats de nougatine.
2. Séparer les blancs des jaunes. Monter les blancs d'œufs en neige avec une pincée de sel. Lorsqu'ils sont bien fermes, ajouter en trois fois le reste de sucre. Les blancs deviennent fermes et brillants.
3. Battre les jaunes avec le reste de sucre et le miel.
4. Fouetter la crème en chantilly.
5. Mélanger les blancs aux jaunes délicatement en soulevant la préparation. Faire de même en incorporant la crème fouettée au mélange précédent. Ajouter les éclats de nougatine et d'orange confite hachée. Verser dans les papillotes en silicone et placer au congélateur pendant au moins 5 heures.
6. Démouler et servir accompagné d'un coulis de framboises.

Note : on peut servir ce dessert par encore tout à fait glacé.

Pour 4 personnes
Recette facile
Recette peu coûteuse
Préparation : 10 minutes
Cuisson : 5 minutes
Repos : 4 heures

Ingrédients
15 cl de crème fraîche liquide
100 g de sucre en poudre
200 g de chocolat blanc
120 g de coulis de fruits de la passion non sucré
1 cuil. à moka bombée d'agar-agar.

Crème aux fruits de la passion et au chocolat blanc

1. Porter la crème et le sucre à ébullition puis ajouter le chocolat coupé en carrés.
2. Laisser reposer pendant 5 minutes puis mélanger jusqu'à obtenir un aspect lisse.
3. Ajouter le coulis de fruits de la passion, l'agar-agar et porter à ébullition en remuant. Maintenir l'ébullition pendant 1 minute puis verser dans les papillotes.
4. Placer au frais pendant 4 heures.

Note : je conseille d'utiliser pour cette recette des papillotes individuelles que l'on ne remplira pas complètement. On pourra disposer sur le dessus des biscuits émiettés, des fruits frais (mangue, litchis), des feuilles de brick enduites de beurre et de sucre qui seront ensuite froissées puis cuites au four...

Pour 6 personnes
Recette facile
Recette peu coûteuse
Préparation : 10 minutes
Cuisson : 5 minutes
Repos : 4 heures

Ingrédients
40 cl de crème fraîche liquide
200 g de chocolat noir
4 jaunes d'œufs
100 g de sucre en poudre
2 gouttes d'huile essentielle de bergamote.

Parfait glacé au chocolat et à la bergamote

1. Prélever 5 cl de crème que l'on porte à ébullition. Ajouter le chocolat coupé en morceaux et laisser reposer 5 minutes. Bien mélanger.
2. Fouetter le reste de crème en chantilly.
3. Fouetter les jaunes d'œufs avec le sucre jusqu'à blanchiment.
4. Incorporer le mélange au chocolat et l'huile essentielle de bergamote. Ajouter ensuite la crème fouettée délicatement en soulevant la préparation à l'aide d'une spatule.
5. Répartir dans les papillotes et placer au congélateur pendant au moins 4 heures.
6. Sortir les parfaits 15 minutes avant de les déguster. Démouler sur des assiettes ou dans des coupelles.

Note : on peut acheter l'huile essentielle de bergamote en pharmacie. On peut la remplacer par de l'extrait de bergamote.

Pavé de saumon sauce aux olives noires, page 55

Papillotes silicone

Les papillotes chic

Petits plats raffinés pour recevoir...

Pour 4 personnes
Recette facile
Recette peu coûteuse
Préparation : 10 minutes
Cuisson : 3 minutes

Ingrédients
1 échalote
3 cm de gingembre frais
2 tiges de citronnelle
8 feuilles de citronnier
1/2 citron vert
4 pavés de loup
20 cl de lait de coco
2 cuil. à soupe de nuoc-mâm
2 cuil. à soupe de coriandre ciselée
Sel, poivre.

Papillote de loup à la citronnelle

1. Éplucher et ciseler finement l'échalote et le gingembre.
2. Couper l'extrémité dure et verte des tiges de citronnelle. Couper en deux dans le sens de la longueur. Écraser le bulbe à l'aide d'un rouleau à pâtisserie ou du plat d'un gros couteau en appuyant fortement.
3. Répartir l'échalote, le gingembre, la citronnelle et les feuilles de citronnier dans les papillotes.
4. Parer le pavé de loup en enlevant les parties dures et brunes. Passer le plat du doigt pour vérifier l'absence d'arêtes. Saler et poivrer des deux côtés et placer dans les papillotes.
5. Mélanger le lait de coco et le nuoc-mâm. Verser sur le poisson.
6. Placer au four à micro-ondes pendant 3 minutes à vitesse moyenne.
7. Parsemer de coriandre ciselée et servir éventuellement accompagné d'un riz basmati cuit à la vapeur.

Note : on peut acheter tous les ingrédients nécessaires à cette recette dans les magasins asiatiques.

Pour 4 personnes
Recette facile
Recette raisonnable
Préparation : 10 minutes
Cuisson : 15 minutes

Ingrédients
2 magrets de canard
1/4 d'ananas
150 g de magret fumé
2 cuil. à soupe de miel
2 cuil. à soupe de rhum blanc
1 fruit de la passion
1/2 citron
1 cuil. à café de baies roses
Sel, poivre.

Papillote de magret fumé et non fumé à l'ananas et aux fruits de la passion

1. Éliminer le gras des magrets crus et les couper en lamelles. Peler et couper l'ananas en gros cubes. Disposer le magret cru, le fumé ainsi que les cubes d'ananas dans les papillotes. Saler et poivrer.
2. Faire tiédir le miel au four à micro-ondes et y ajouter le rhum blanc, la chair du fruit de la passion, le jus du citron et les baies roses. Répartir ce mélange dans les papillotes.
3. Mettre le couvercle et placer au four à 210°C (th. 7) pendant 15 minutes.

On peut accompagner ce plat d'un riz créole.

Pavé de saumon sauce aux olives noires

Pour 2 personnes
Recette facile
Recette raisonnable
Préparation : 5 minutes
Cuisson : 2 à 3 minutes
Repos : 2 minutes

Ingrédients
2 cuil. à soupe d'olives noires dénoyautées
1 cuil. à soupe de câpres
2 anchois à l'huile
1 échalote
Quelques brins de persil plat
Quelques feuilles d'estragon
3 cuil. à soupe d'huile d'olive
1/2 citron
2 beaux pavés de saumon
Sel, poivre.

1. Hacher les olives noires, les câpres, les anchois, l'échalote épluchée.
2. Ciseler le persil et l'estragon. Mélanger avec l'huile d'olive et le jus de citron. Poivrer et goûter. Il n'est généralement pas nécessaire de saler car les câpres et les anchois sont déjà suffisamment salés.
3. Passer le doigt sur le dos de saumon et retirer les arêtes s'il y en a.
4. Placer chaque pavé de poisson dans une papillote. Saler et poivrer. Fermer et placer au four à micro-ondes à puissance moyenne pendant 2 à 3 minutes selon l'épaisseur du poisson.
5. Laisser reposer 2 minutes et servir le poisson accompagné de la sauce aux olives.

Note : voici une cuisson toute simple de saumon que l'on peut accommoder ensuite avec différentes sauces. Apprécier l'état de la cuisson au bout de 1 minute : il doit rester bien moelleux.

Risotto d'orge aux trompettes-de-la-mort

Pour 4 personnes
Recette facile
Recette raisonnable
Préparation : 10 minutes
Cuisson : 30 minutes

Ingrédients
1 oignon
1 gousse d'ail
1 noix de beurre
200 g d'orge
20 g de trompettes-de-la-mort séchées et sans sable
10 cl de vin blanc sec
2 cuil. à soupe de persil plat ciselé
100 g de parmesan
2 cuil. à soupe de mascarpone
Sel, poivre.

1. Éplucher et émincer finement l'oignon et l'ail.
2. Faire chauffer une poêle à feu vif avec une noix de beurre. Ajouter l'oignon et l'ail. Faire revenir sans coloration.
3. Répartir ce mélange dans les papillotes. Ajouter l'orge, les trompettes, le vin blanc et le persil. Ajouter 60 cl d'eau dans les papillotes. Saler et poivrer.
4. Couvrir et cuire pendant 30 minutes au four à 180°C (th. 6). Ajouter le parmesan et le mascarpone. Bien mélanger et servir de suite.

Pour 2 personnes
Recette facile
Recette coûteuse
Préparation : 10 minutes
Cuisson : 2 à 3 minutes

Ingrédients
12 huîtres
12 tranches de lard fumé
1 échalote
1 noix de beurre
5 cl de vin blanc
10 cl de fumet de poisson
10 cl de crème fraîche liquide
Sel, poivre.

Brochettes d'huître au lard, espuma au vin blanc

1. Ouvrir les huîtres et recueillir le jus, que l'on filtre.
2. Rouler les tranches de lard fumé pour former de petits rouleaux. Choisir 4 brochettes de longueur plus petite que celle de la papillote. Enfiler sur chaque brochette 3 huîtres et 3 tranches de lard en les alternant. Placer dans la papillote.
3. Éplucher et ciseler finement l'échalote.
4. Dans une petite casserole, faire chauffer à feu vif la noix de beurre et y faire revenir l'échalote sans coloration. Mouiller avec le vin blanc puis avec le fumet de poisson et 10 cl d'eau des huîtres. Faire bouillir, saler et poivrer. Ajouter la crème et faire bouillir à nouveau.
5. Filtrer en versant dans un siphon. Fermer et insérer une cartouche de gaz.
6. Placer la papillote au four à micro-ondes pendant 1 minute.
7. À la sortie du four, secouer le siphon et répartir l'espuma à côté des brochettes. Servir de suite.

Note : pour une recette plus rapide et si l'on ne possède pas de siphon, on peut utiliser un ou deux galets de sauce au vin blanc congelée que l'on fait réchauffer.

Parmentier de canard confit au foie gras et à l'huile de truffe

Pour 4 personnes
Recette facile
Recette coûteuse
Préparation : 20 minutes
Cuisson : 1 heure 10 minutes
Repos : 1 nuit

Ingrédients
150 g de foie gras cru
Sel pour foie gras
500 g de pommes de terre
10 cl de lait entier
75 g de beurre
1 cuil. à soupe d'huile de truffe
2 cuisses de canard confites
2 cuil. à soupe de parmesan râpé
1 cuil. à soupe de chapelure
Gros sel.

1. La veille, couper le foie gras en gros cubes et les saler avec le sel pour foie gras. Emballer dans un papier d'aluminium et laisser reposer au frais pendant la nuit.
2. Le lendemain, placer les pommes de terre dans une casserole et couvrir d'eau. Saler au gros sel et laisser cuire entre 40 minutes et 1 heure selon la taille des pommes de terre.
3. Lorsqu'elles sont cuites, les éplucher et les passer au moulin à légumes. Verser le lait bouillant et remuer. Incorporer le beurre coupé en morceaux et l'huile de truffe. Bien mélanger jusqu'à ce que le mélange soit lisse.
4. Enlever la graisse autour des cuisses de canard et séparer la viande des os.
5. Dans les papillotes, dresser une couche de purée de pomme de terre, recouvrir avec de la cuisse de canard confite, des dés de foie gras et recouvrir avec une couche de pomme de terre. Saupoudrer de parmesan et de chapelure.
6. Faire gratiner au four à 180°C (th. 6) pendant 10 minutes.

Note : voici un plat qui peut se préparer à l'avance et qui ne nécessite qu'un passage au four lorsque les invités sont arrivés.

Pour 4 personnes
Recette facile
Recette peu coûteuse
Préparation : 15 minutes
Cuisson : 1 heure 20 minutes

Ingrédients
2 jarrets de porc salés
4 carottes
1 poireau
1 oignon
2 clous de girofle
1 feuille de laurier
1 branche de thym
4 cuil. à soupe de mélasse de grenade
8 petits oignons nouveaux
Sel, poivre.

Jarret de porc caramélisé à la grenade et aux oignons

1. Placer les jarrets dans un autocuiseur.
2. Ajouter les carottes épluchées, le poireau nettoyé, l'oignon piqué des clous de girofle, la feuille de laurier, la branche de thym.
3. Remplir à hauteur d'eau, fermer le couvercle et cuire 1 heure à partir de la rotation de la soupape.
4. Égoutter la viande et retirer l'os. Couper la viande ainsi que la couenne en lanières.
5. Ajouter la mélasse de grenade, les carottes coupées en rondelles et les oignons nouveaux lavés et entiers. Bien mélanger. Goûter et rectifier l'assaisonnement si nécessaire mais le jarret est généralement suffisamment salé.
6. Répartir le mélange dans les papillotes et placer au four à 180°C (th. 6) à découvert pendant 20 minutes. Le jarret doit être bien caramélisé.

On peut consommer ce plat avec du boulgour à la vapeur.

Note : la mélasse de grenade se trouve dans les magasins commercialisant des produits turcs, libanais ou moyen-orientaux.

Gratinée d'abricots aux pralines et à la glace à la vanille, *page 64*

Papillote de griottes au pain d'épice et sorbet au fromage blanc, *page 65*

Pour 4 personnes
Recette facile
Recette peu coûteuse
Préparation : 5 minutes
Cuisson : 20 minutes

Ingrédients
450 g d'abricots frais ou 400 g d'abricots congelés
50 g de sucre vergeoise
1 cuil. à soupe de miel
4 macarons aux amandes
100 g de pralines roses
250 g de bonne glace à la vanille.

Gratinée d'abricots aux pralines et à la glace à la vanille

1. Laver les fruits, les couper en deux et retirer le noyau.
2. Placer dans un saladier avec le sucre vergeoise, le miel et les macarons émiettés grossièrement.
3. Répartir dans les papillotes. Recouvrir avec les pralines concassées et passer au four à 210°C (th. 7) pendant 20 minutes.
4. Laisser tiédir avant de servir avec une boule de glace à la vanille.

Note : si les abricots sont sucrés, supprimer la vergeoise. La praline rose est une amande enrobée de sucre coloré rouge. Il existe différentes qualités de pralines contenant une proportion plus ou moins importante de sucre par rapport au poids de l'amande. À défaut de praline rose, on peut utiliser des dragées ou du pralin en grains.

Pour 4 personnes
Recette facile
Recette peu coûteuse
Préparation : 5 minutes
Cuisson : 10 minutes

Ingrédients
8 abricots secs
8 figues sèches
2 cuil. à soupe de raisins secs
8 pruneaux secs
1/2 gousse de vanille
1 sachet de thé earl grey
4 boules de bonne glace au yaourt.

Compotée de fruits secs à la vanille et au yaourt

1. Répartir les fruits secs dans les papillotes.
2. Couper la demi-gousse de vanille en deux et retirer les graines.
3. Porter 15 cl d'eau à frémissement avec les graines et les gousses de vanille.
4. Verser sur le sachet de thé et laisser infuser pendant 2 minutes. Retirer le sachet et mouiller les fruits secs de ce mélange.
5. Placer au four à micro-ondes pendant 2 minutes à puissance moyenne.
6. Laisser reposer pendant 5 minutes à couvert et déguster tiède accompagné de glace au yaourt.

Pour 4 personnes
Recette facile
Recette peu coûteuse
Préparation : 5 minutes
Cuisson : 3 minutes

Ingrédients
4 belles tranches de pain d'épice
25 g de beurre
600 g de griottes dénoyautées congelées
4 cuil. à soupe de sucre en poudre
4 boules de sorbet au fromage blanc.

Soupe de griottes au pain d'épice et sorbet au fromage blanc

1. Beurrer les tranches de pain d'épice et les couper en gros carrés. Disposer au fond des papillotes.
2. Mélanger les griottes et le sucre.
3. Recouvrir le pain d'épice de ce mélange.
4. Placer les papillotes pendant 3 minutes au four à micro-ondes à puissance moyenne.
5. Laisser tiédir et déposer une boule de sorbet au fromage blanc. Servir de suite.

Note : un exemple de recette rapide quand on reçoit. On peut également préparer ce dessert avec des framboises congelées, des myrtilles ou un mélange de fruits rouges.

Table des matières

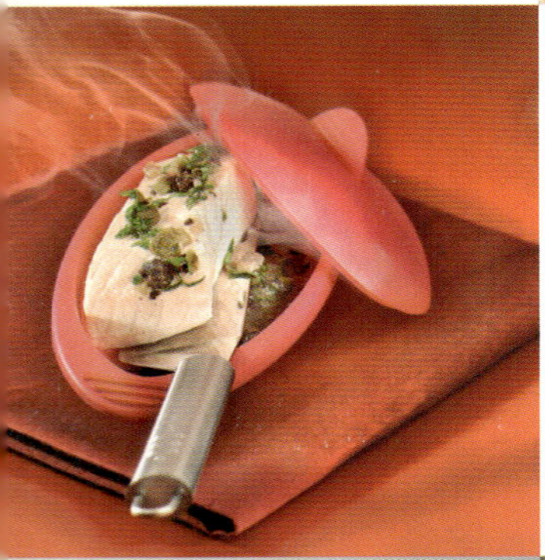